Chinas Rot

Verlag für fremdsprachige Literatur Beijing

Erste Auflage 2008

Deutsche Übersetzung: Ren Shuyin
Deutsche Redaktion: Isabel Wolte und Mai Zhanxiong

ISBN 978-7-119-04533-7
© Verlag für fremdsprachige Literatur
Herausgeber: Verlag für fremdsprachige Literatur
Baiwanzhuang-Str. 24, 100037 Beijing, China
Homepage: www.flp.com.cn

Vertrieb: China International Book Trading Corporation
35 Chegongzhuang Xilu, 100044 Beijing, China
Postfach 399, Beijing, China

Vertrieb für Europa: CBT China Book Trading GmbH
Max-Planck-Str. 6A
D-63322 Rödermark, Deutschland
Homepage: www.cbt-chinabook.de
E-Mail: post@cbt-chinabook.de

Druck und Verlag in der Volksrepublik China

Inhalt

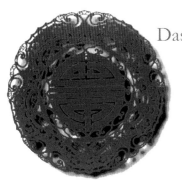

Das Rot von Blut und Feuer

Rot war die erste Farbe, die als solche erkannt wurde, die Bezeichnung Rot gehört zu den ältesten Wörtern überhaupt. In manchen Sprachen sind Rot und Farbe gleichbedeutend, wie z. B. im Spanischen der Begriff „colorado".

Die ersten Erfahrungen der Menschheit waren sehr stark mit zwei Substanzen verbunden: Blut und Feuer. Bei der Jagd entdeckte man, dass aus den Wunden der erlegten Tiere Blut sprudelte und dabei die Kraft der Tiere langsam schwand. Auch Men-

Jagdszenen in rot, Wandmalerei in einem Grab aus der Tang-Zeit (618–907)

Rote Laternen

schen, die bluten, können ohnmächtig werden und sterben, wenn sie zu viel Blut verlieren. Diese Erfahrungen gaben Urmenschen Anlass zu glauben, dass im Blut Leben und Kraft verborgen seien. Und Rot ist die Farbe des Blutes. In der Inuitensprache heißt Rot „wie Blut". Auch das Feuer hat in der menschlichen Entwicklung eine wichtige Rolle gespielt. Feuer hat dem Menschen die Möglichkeit gegeben Essen zu kochen, wodurch viele Krankheiten vermieden und die Gesundheit gefördert wurde. Man entdeckte, dass Raubtiere Flammen scheuen. Daher machten die Urmenschen vor ihren Wohnhöhlen große Feuer an, um sich vor wilden Tieren zu schützen und sich zu wärmen. Auch Feuer ist rot. Daraus lässt sich vielleicht erklären, warum Rot zum Symbol für alles Positive im Leben und in der Gefühlswelt wurde.

Das Blutopfer existierte in fast allen frühen Religionen. Wenn man griechische Mythen kennt, so weiß man, dass nicht nur Tierblut geopfert wurde, um den Schutz der Götter zu erringen oder ihre Wut zu besänftigen, sondern sogar Königskinder. Dies nur als Hinweis über Blutopfer in der Frühgeschichte der Menschheit. Die rote Farbe wurde bei Bestattungen verwendet, um den Verstorbenen Segen zu bringen. Bei Freilegung von Gräbern aus dem Spätpaläolithikum entdeckte man Pulver aus Roteisenerz. In Grabstätten des Oberen Höhlenmenschen bei Zhoukoudian – 1933 freigelegt – fand man dieses Pulver rund um die Leichen

Roter Lackteller, Westliche Han-Dynastie
(206 v. u. Z.–25 u. Z.)

Roter Tisch, Wandmalerei in einem Grab aus der Liao-Zeit (10.–12. Jh.)

alter Männer oder junger Frauen . Diese Ausgrabungsstätten geben Aufschluss über 17 000 Jahre Geschichte. Mit dem Roteisenerz wurde wahrscheinlich Blut imitiert, als Sitz der Seele. Beim Gießen von Dreifußschalen (*Ding*) wurden die Schablonen mit Tierblut bestrichen, weil man glaubte, dass Blut dem *Ding* eine Seele verleihen würde. In chinesischen Legenden heißt es, Schreibpinsel mit Menschenblut könnten fliegen und böse Magier würden Figuren aus Pfirsichholz schnitzen und mit Kinderblut bemalen, um eigene Soldaten herzustellen. Da man glaubte, im Blut sei Kraft verborgen, pflegten Gladiatoren das Blut aus den Wunden des getöteten Gegners zu saugen. Es ist nicht verwunderlich, dass Menschen in der Antike aufgrund vou Blut und Feuer die Farbe Rot verehrten und ihr zahlreiche positive Bedeutungen zuschrieben wie Leben, Kraft, Austreiben von bösen Geistern, Segen und Glück.

1. In Xinjiang ausgegrabene Holzkiste mit rotem Bild
2. Rote Teller mit Goldlack, Westliche Han-Dynastie (206 v. u. Z.–25 u. Z.)
3. Weingefäß, roter Lack mit Wolkenmuster, Westliche Han-Dynastie (206 v. u. Z.–25 u. Z.)

Die Menschen hatten von alters her eine Vorliebe für die rote Farbe, unabhängig davon, wo sie lebten. Mit der Zeit haben sich auf der Welt umwälzende Veränderungen vollzogen, und die Bedeutung der Farbe Rot hat im Bewusstsein des modernen Menschen langsam abgenommen. Was übrig bleibt, ist heute vorwiegend der Farbpsychologie zuzuordnen. Die Chinesen haben sich allerdings ihre Vorliebe für die Farbe Rot erhalten. Ob in der Vorstellung oder in der Praxis, Rot ist immer noch ein Symbol für Glück und Segen. Hier kommt ein Zitat von Baron de Montesquieu in den Sinn: „Es hat den Eindruck hinterlassen, als wäre in diesem großen Land überall das Glück zugegen."

Warum in China? Der Grund liegt vielleicht in der Tatsache, dass China eines von vier Ländern mit antiker Zivilisation ist und das einzige Land, dessen Zivilisation ohne Unterbrechung bis heute andauert. Die Vorliebe für Rot hat den Dynastienwechsel überstanden. Egal wie oft Herrscher sich ablösten und Sitten und Gebräuche sich änderten, Rot blieb immer die Lieblingsfarbe des Volkes und der Herrscher Chinas und nimmt einen besonderen Platz im Herzen der Menschen ein. In der Kaiserzeit

1	
	2

1. Rotes Spruchpaar
2. Traditionelles chinesisches
   Kunsthandwerk in Rot

war das Ritual, das mit Nachdruck bewahrt wurde und verankert war, ein wirkungsvolles Mittel, die Machtordnung aufrechtzuerhalten. Dem Wesen nach sorgte das Ritual für eine gesellschaftliche Rangordnung. Der Staat legte fest, wie Menschen hinsichtlich ihrer sozialen Stellung erkennbar sein sollten. Rot ist die visuell stärkste und auffälligste Farbe, sie wurde deshalb häufig zur Unterscheidung der sozialen Schichten eingesetzt. Im historischen Werk *Sänftewagen und Kostüme* wurde der Einsatz der roten Farbe ausführlich beschrieben. Die rote Farbe fand demnach bei allen wichtigen staatlichen Feierlichkeiten Anwendung: Inthronisation neuer Kaiser, Opferfeiern, Belehnungen, Hochzeits- und Feldzugsfeiern. Am Kaiserhof herrscht Rot stets vor, besonders in der Ming-Dynastie, als die wichtigste Farbe für Bauten, Gegenstände und Gewänder. Für das Volk war die Farbe Rot ber allen Festlichkeiten vorherrschend. Hochachtung für die Farbe Rot kommt nicht nur bei Gegenständen, sondern auch in der kulturellen Psychologie der Nation zum Tragen. Eine rote Maske in der Oper symbolisiert beispielsweise Aufrichtigkeit.

Im Folgenden soll beschrieben werden, wie man in China früher und heute die rote Farbe empfindet und einsetzt. Vor der eigentlichen Geschichte kurz etwas über das allgemein bekannte

Bankett für Verlobungsfeier, Qing-Dynastie (1644–1911)

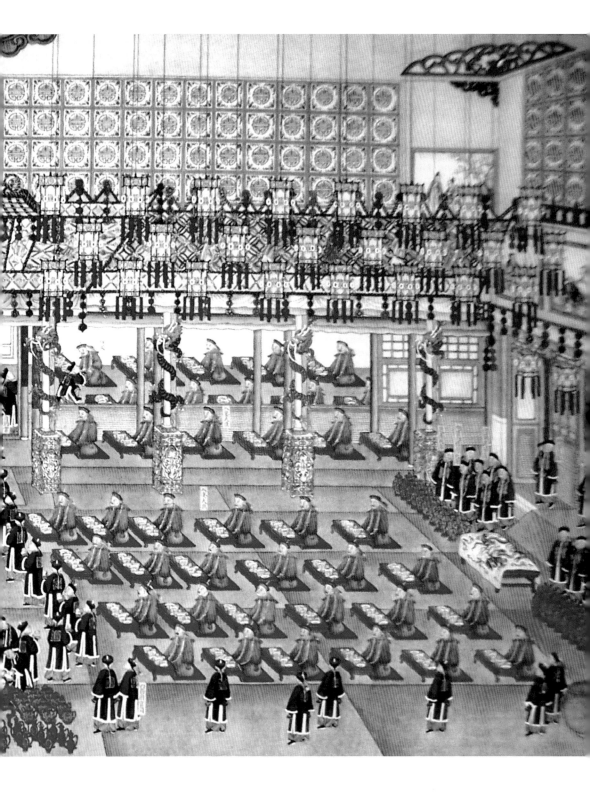

„China-Rot". Laut *Über Schriftzeichen und Wörter* (*Shuo Wen Jie Zi*), dem einschlägigen Wörterbuch aus der Östlichen Han-Dynastie (25–220), hatte sich die Bezeichnung rot auf Blassrot bezogen. In der Tang-Dynastie (618–907) schrieb der große Dichter Bai Juyi (772–846) in einem Gedicht: „Beim Sonnenaufgang sind Flusswellen rot wie Feuer" – ein Zeichen dafür, dass zu dieser Zeit mit der roten Farbe Scharlachrot, nämlich das heutige China-Rot, gemeint war.

Das Rot des Kaiserhofs und des Adels

Blut und Feuer wurden in primitiven Religionen vergöttert. Diejenigen, die Ritualfeiern vorsaßen, wurden in den Adelsstand erhoben und beanspruchten das Beste für sich. Da Rot für Leben und Kraft stand, böse Geister vertreiben konnte sowie Glück und Segen mit sich zu bringen vermochte, war es klar, dass Rot die exklusive Farbe für Kaiserhof und Adel wurde. Nach althergebrachten philosophischen Überlieferungen entstand alles in der Welt aus den fünf Elementen Metall, Holz, Wasser, Feuer und Erde, vertreten durch die fünf Farben Weiß, Grün, Schwarz, Rot und Gelb. Die Kaiser glaubten, dass ihre Herrschaft einem Zyklus der fünf Elemente folgte, dementsprechend von Metall, Holz, Wasser, Feuer oder Erde kontrolliert werde. So befahlen sie dem Ritualministerium astrologisch zu berechnen, von welchem Element

Roter Lacklöffel aus der Han-Zeit
(206 v. u. Z.–220 u. Z.)

die Dynastie bestimmt werde, um zu entscheiden, welche Farbe zu bevorzugen sei. Stellte man fest, dass die Dynastie von Metall kontrolliert wurde, schätzte man insbesondere die Farbe Weiß, da Weiß dem Metall zugeordnet galt. Nur auf diese Weise könne das Mandat des Himmels befolgt und eine langandauernde Herrschaft der Dynastie garantiert werden. Wäre trotzdem der Dynastie Böses widerfahren, hätte der Kaiser den Sterndeuter ins Gefängnis geworfen, um danach das Schicksal der Dynastie neu zu berechnen. Manchmal übernahm der nachfolgende Kaiser diese Aufgabe. So herrschte während der Zhou-Dynastie (1046–221 v. u. Z.), der Han-Dynastie (206 v. u. Z.–220 u. Z.), Jin-Dynastie (265–420), Song-Dynastie (960–1279) und Ming-Dynastie (1368–1644) die rote Farbe vor.

Rote Holzschachtel mit dem Schriftzeichen „Glück", Ming-Dynastie (1368–1644)

Streitwagen, Zeit der Streitenden Reiche (475–221 v. u. Z.)

Rote Ehrengarde

Rot war schon immer dem Kaiserhof für die Ehrengarde und alle Kutschen und Wagen vorbehalten. In der Qin-Dynastie war das Dach der kaiserlichen Kutschen außen schwarz gestrichen und innen rot. In der Jin-Dynastie wurden für den Empfang von Lehensfürsten rote Kutschen eingesetzt. Manchmal verschenkte der Kaiser diese Kutschen. Im Qi-Reich (479–502) während der Südlichen Dynastien waren rote Wagen für die Kaiserin bestimmt. Die anderen Konkubinen konnten nur violette Wagen benutzen. In der Tang-Dynastie wurde der Wagen für die Kaiserin mit einem roten seidenen Vorhang ausgestattet. Auch in der Song-

| 1 | 2 |

1. Ochsen-Kutsche der Tang-Zeit (618–907)
2. Ehrengarde in der Tang-Zeit (618–907)

Dynastie war die Farbe Rot in den Wagen für Kaiserin und Kaiserinwitwe unentbehrlich: rote Korbsessel, rote Sitzunterlagen, rotes Trittbrett, rotes Bettzeug, rotes Tischchen, roter Paravent, roter Vorhang und rote Fenster. Das war noch nicht genug, die Ehrengarde hielt große rote Ehrenschirme hoch. In der Yuan-Dynastie (1206–1368) wurde die Kolonne des Kaisers von roten und purpurnen Ehrenschirmen begleitet.

Während der Ming-Dynastie war Rot allgegenwärtig. Für den Kaiser, den Kronprinzen und seine Brüder, die Kaiserinwitwe, die Kaiserin und die Kaiserkonkubinen wurden Wagen verwendet, die zwar unterschiedlich hießen, aber alle rot waren. Rot waren nicht nur der Wagen selbst, sondern auch die Verzierungen

Rote Kutschen der kaiserlichen Ehrengarde, Song-Zeit (960–1279)

und mitgeführten Gegenstände. Die Beamten konnten ihren Wagen nur mit blauem Stoff schmücken, für sie war Rot tabu. Die einfachen Bürger durften ihren Wagen nur schwarz verzieren. Der Kaiser erlaubte dem Volk, einen mit Ölpapier bespannten Regenschirm aufzuspannen, während er und seine Beamten rote Schirme benutzten.

In den Wagen der Qing-Dynastie (1644–1911) gab es viel weniger Rot. Entweder benutzte man rote Satinschals, oder rotes Bettzeug bzw. rote Hocker. Die Überdachung mancher Wagen war mit rotem Satin überzogen. In der Qing-Dynastie liebten der Kaiserhof und die hohen Beamten die rote Farbe; Regenhüte, Regenmäntel und andere Regenbekleidung waren ausschließlich rot, als ob man glaubte, die rote Farbe wäre wasserdicht. Aber auch goldgelb und hellere Gelbtöne wurden zunehmend für Kaiser, Kaiserinnen, Kaiserinmütter und Kaiserkonkubinen eingesetzt.

Halskette mit roten Jadeperlen für Beamte, Qing-Dynastie (1644–1911)

Rote Bekleidung des Adels

Zwar galt Hellgelb für Kaiser Yangdi der Sui-Dynastie (560–618)
bis zur Qing-Dynastie als die Farbe des Kaiserhofs. Aber Rot
war dennoch eine vom Kaiserhof und von Beamten bevorzugte
Farbe. Manchmal wurde dem Volk sogar verboten, sich rot zu
kleiden. Jedes Mal, wenn eine Ritualzeremonie, eine Audienz oder
die Hochzeit des Kaisers stattfand, mussten Kaiser und Beamte
offizielle Kostüme tragen. In der Zhou-Dynastie trugen König
und Beamte Kopfbedeckungen, die jeweils ihre Ränge kennzeichneten. Diese Kopfbedeckungen waren oben mit einer länglichen
Platte versehen. Diese war für den König oben schwarz und unten rot, während sie für die Beamten mehr rot als schwarz war.
Alle trugen eine schwarze Seidenjacke und einen hellroten Rock.
Die Schuhe hatten dicke Absätze, die hellrot gestrichen waren.
Auch in der Qin-Dynastie musste man sich bei der Ritualzeremonie oben schwarz und unten hellrot kleiden.

In der mächtigen Tang-Dynastie trug der Kaiser bei der Himmelsopferung einen Hut, der außen schwarz und innen hellrot war. An jeder Seite des Huts hing ein gelber Faden über dem Ohr. Das Kostüm war hellrot gefüttert, der Kragen und die Ärmelaufschläge waren schwarz, die Schuhe und Strümpfe waren scharlachrot. Bei Thronbesteigung, Opferung, Feldzug, Eheschließung, Neujahrsfeier und der Belehnung von Fürsten trug der Kaiser eine Kappe mit zwölf Perlenketten, eine dunkelblaue Jacke und einen scharlachroten Rock. Seine Kleidungsstücke waren mit den zwölf Symbolen für die Tugenden des Kaisers – Sonne, Mond, Sterne, Berg, Feuer, Wasserpflanzen, weiße Reiskörner und Goldfasan – geschmückt. Beamte ab dem

1
2

1. Schenkungszeremonie, Qing-Dynastie

2. Kleidung des Kaisers in der Han-Zeit (206 v. u. Z.–220 u. Z.)

fünften Rang aufwärts trugen blaue Jacken, hellrote Röcke sowie rote Schuhe und Strümpfe, während Beamte niedriger Ränge nur blaue Roben tragen konnten. Der Rang der Beamten war an der Zahl der Jadeketten an der Kappe, an der Zahl der Muster auf der Kleidung sowie an der Qualität der mitgeführten Schwerter zu erkennen.

In der Song-Dynastie war die Kleidung für das Beamtentum am kompliziertesten. Alle Kostüme für Feierlichkeiten oder Rituale enthielten Rot. Wenn ein Sohn des Kaisers zum Kronprinzen erhoben wurde, musste er ein Kostüm aus goldener Seide mit Blumenmustern und rotem Futter tragen. Auch bei Amtsgewändern fehlte die rote Farbe nicht. Anfang der Song-Dynastie wurde vorgeschrieben, dass Beamte vom dritten Rang aufwärts

violett, die des vierten und fünften Ranges scharlachrot, die des sechsten und siebten Ranges grün und die des achten und neunten Ranges blau tragen müssen. Wenn jemand heute in seiner Beamtenlaufbahn große Aussichten hat, kann er mit einem chinesischen Sprichwort beschrieben werden: Er ist so rot, dass er fast violett erscheint. Dieses Sprichwort geht darauf zurück.

Die Yuan-Dynastie wurde von Mongolen aus dem Norden Chinas begründet. Damals herrschte strenge Hierarchie. Es gab zahlreiche Bekleidungsverbote. Der Kaiser trug manchmal eine blaue Jacke und eine rote Hose. Darunter war seine Kleidung mit roter Farbe eingesäumt. Obgleich der Kaiser meist gelbe Kleider trug, zog er im Winter rote Kleidungsstücke und eine warme rote Mütze vor. Kaiserhof und Adel liebten roten und violetten Schmuck. Die Krone des Kaisers zierte ein

1. Kopfbedeckung und Schuhe des Kaisers der Han-Zeit (206 v. u. Z.–220 u. Z.)

2. Rote Kleidung gefällt den adligen Damen besonders in der Tang-Zeit (618–907).

riesiger wertvoller Rubin, während die Adeligen zahlreiche rote Schmuckstücke trugen. 1259 erließ die Yuan-Regierung ein Verbot, wonach die Bevölkerung sechs Farben meiden musste. Von diesen sechs Farben gehörten vier der Gruppe der roten Farben an. Sie waren u. a. leuchtendes Hellrot, eine aus Früchten der Gardenie gewonnene Farbe, und Karmesinrot, die Farbe des Hahnenkamms, die ein bisschen ins Violette neigt. Die anderen zwei verbotenen Farben waren das frische Grün des

	2
1	3

1. Eunuchen in roten Kleidern, 14. Jahrhundert
2. Kleidung der Beamten in der Ming-Dynastie (1368–1644)
3. Kaiserinkrone mit Phönix, Ming-Dynastie (1368–1644)

Weidensprosses im Frühling und die Farbe des ersten Reifs im Herbst. Die letzteren standen wahrscheinlich mit dem Recht zur Naturdeutung, das dem Kaiser und dem Adel vorbehalten war, im Zusammenhang.

Die Kleidungsvorschrift für die Beamten in der Ming-Dynastie war die gleiche wie in der Tang-Dynastie. Doch war sie noch mehr hierarchisch: das Kleid unter der Ober-bekleidung war dunkelrot. Das Kostüm für die Kai-serin war anfangs rot, später gelb. Dem Volk war es untersagt, rote Kleider zu tragen. Wie bereits erwähnt, glaubten die Ming-Kaiser, dass Feuer der Dynastie Glück und Segen beschere. Der Kaiserhof stellte daher Rot über alles und ließ nicht zu, dass das Volk mit ihm diese Farbe teile. Es war dem Volk streng verboten, Möbel und andere Gegenstände mit rotem Lack zu versehen, was beweist, dass rote Gegenstände früher üblich gewesen waren.

Rot war in der Qing-Dynastie nicht mehr dem Herrscherhaus vorbehalten. Für das Volk waren helles

Gelb und gelbliches Grün verboten. Doch am Kaiserhof war die rote Farbe weiterhin beliebt. Der Kaiser und die Kaiserin trugen rote Hüte. Mandschu-Adelige versahen ihre Kopfbedeckungen mit einer auffallenden roten Franse von rund 30 Zentimetern Länge. Die Beamten des ersten und zweiten Ranges hatten in der Qing-Dynastie jeweils Rubine und rote Korallen an ihren Kopfbedeckungen. Als die finanzielle Lage der Qing-Dynastie dies nicht mehr zuließ, wurden Rubine und rote Korallen durch verschiedenartiges rotes Glas ersetzt. Es ging so weit, dass das Herrscherhaus begann, Beamtenposten zu verkaufen. Geschäftsleuten, die viel Geld zahlen konnten, wurden

Kopfbedeckungen aufgesetzt, die den Beamtenstatus erkennen ließen. Geschäftsleute waren als eigene Klasse in der chinesischen Geschichte lange Zeit ignoriert gewesen. Plötzlich konnten sie

als hohe Beamte auftreten, das war für sie von großer Bedeutung. In China legte man seit jeher großen Wert auf Kopfbedeckung und Kleidung. Wenn man erwachsen war, bekam

man eine Kopfbedeckung. Unterschiedliche Kopfbedeckungen bedeuteten unterschiedlichen Status. Kopfbedeckungen waren quasi das Symbol der Würde einer Person. Konfuzius, ein Weiser Chinas, hatte einen Schüler namens Zilu, der in einer adligen Familie geboren wurde. Bei einer bewaffneten Auseinandersetzung rutschte sein Hut schief. Daraufhin ließ er die Waffe fallen, um mit beiden Händen seinen Hut auszurichten. Sein Gegner nahm die Gelegenheit wahr und tötete ihn. Dieses tragische Beispiel demonstriert, wie wichtig die Kopfbedeckung für das Ansehen der Menschen war. Auch für die Mandschu waren Kopfbedeckungen sehr wichtig. Prinzen und andere Nahverwandte des Kaisers durften goldfarbene oder rote Gürtel tragen, die sie als Adlige kennzeichneten.

1. Rote Satinweste
2. Weste aus roter Seide
3. Grüner Hut mit Glücksmuster und rotem Zopf
4. Roter Knopf auf dem chinesischen Beamtenhut, Qing-Dynastie (1644–1911)

Rot gestrichene Wand und rotes Tor

Rot ist eine noble Farbe. Wurde sie bei einem Gebäude verwendet, diente sie normalerweise dazu, den hohen Status des Besitzers zur Schau zu stellen. Im Altertum hatten Fürsten und Adelige gern rote Eingangstore, später waren es einflussreiche Familien. Da es ziemlich viele reiche Familien gab, die gegenüber Armen nicht hilfsbereit waren, schrieb Du Fu, ein großer Dichter der Tang-Dynastie, empört:

Fleisch und Wein verderben hinter roten Toren,
Menschen liegen erfroren in Straßen.

Manchmal wurde das ganze Haus eines Adeligen bis zum Dach rot gestrichen. Ein solches Haus nannte man „Rotes Haus". Bei so einem Gebäude standen häufig Weidenbäume, deren Ruten wie leichter Rauch in der Luft schwebten. Dieser Anblick löste bei Studierenden oft Wehmut aus. Jedenfalls werden in berühmten Gedichten aus der Tang- und Song-Dynastie viele Schönheiten beschrieben, die in solchen roten Häusern wohnten. Fast immer lehnt sich eine Schönheit leicht an ein rot gestrichenes Geländer, während sie in Gedanken bei ihrem Geliebten weilt.

Wenn es regnet, blickt ein Studierender sehnsüchtig auf ein rotes Haus und seufzt. Er macht sich Gedanken, ob seine schöne Geliebte sich nicht erkältet. In zahlreichen Versen scheinen die roten Häuser weit entfernt zu sein. Dies sagt einerseits, dass zwischen dem Verfasser und seiner Geliebten im Traum ein erheblicher sozialer Unterschied war, und macht andererseits deutlich, dass die roten Häuser sogar für die Studierenden, die ihre Karriere darin sahen, als neue Sterne aufzusteigen, unerreichbar waren. Sie waren nicht in der Lage, das Leben jenseits der dicken Wände ausführlich zu beschreiben. Was sie zu beschreiben vermochten, waren Lusthäuser. Zwar verfügten Frauen in Lusthäusern über

Rotes Tor im Kaiserpalast

Schönheit und vielseitige Begabung, doch das waren bloß berufliche Voraussetzungen. Der größte Unterschied zwischen ihnen und jungen Mädchen adliger Familien war ihr sozialer Status. Unter den Kunden der Lustmädchen mangelte es nicht an Dichtern und Malern. Das ist der Grund, warum uns Lustmädchen bekannter sind als Frauen namhafter Familien. Der berühmte Tang-Dichter Du Mu (803–852), der berühmte Song-Lyriker Liu Yong (?–etwa 1053) sowie der bekannte Maler und Dichter aus der Ming-Zeit Tang Bohu (1470–1523) waren deren Gönner und Vertraute. Weil die Lustmädchen mit diesen großen Männern befreundet sein konnten, gelten sie als glücklicher als die Frauen aus adligen Familien.

In der Qing-Dynastie schrieb Cao Xueqin (1715–1763), der aus einer adligen Familie stammte, seinen Roman *Der Traum der Roten Kammer* über herausragende adlige Frauen in roten Häusern, deren Schicksal tragisch endete. Wir kommen im vierten Teil dieses Buches noch dazu.

In China sind nur Wände von Kaiserpalästen und Tempelanlagen rot gestrichen. In der feudalen Zeit durfte diese Regel nicht übertreten

In China werden am Hochzeitstag rote Kerzen in der Brautkammer angezündet.

werden. In der Ming-Dynastie konnten die Beamten jeweils nach ihrem Rang die Fenster, Türen, Balken und Säulen ihrer eigenen Häuser goldengelb, blau, schwarz, sandgelb und hellblau streichen. Die rote Farbe war dem Kaiserhaus, dessen Palästen und Tempeln vorbehalten. Solche Bauten können wir heute in Beijing noch vielfach bewundern, da dort der Kaiserpalast und die meisten wichtigen Tempel der Yuan-, Ming- und Qing-Dynastie zu finden sind.

Beijing war in der Yuan-Dynastie unter dem Namen Dadu bekannt. Laut Aussagen von Marco Polo (1254–1324), der sich damals in Dadu aufhielt, soll der Kaiserpalast der größte der Welt gewesen sein. Eine Halle fasste 6000 Personen. Auch die Dächer waren prachtvoll. Scharlachrot, gelb, grün und blau ergänzten ei-

1. Rote Tür im Kaiserpalast
2. Rote Mauer im Kaiserpalast

nander, die farbenprächtige Glasur schillerte weithin. Die ganze Anlage war von einer goldenen Aura umhüllt. Es ist auffallend, dass Marco Polo als erste Farbe Scharlachrot genannt hat. Das liegt daran, dass Rot weit reichend eingesetzt wurde. Kurz nach dem Sturz der Yuan-Dynastie schickte Zhu Yuanzhang (1328–1398), der erste Kaiser der Ming-Dynastie, Xiao Xun, seinen Vizebauminister, nach Dadu, um die Yuan-Paläste zu studieren. Die Beschreibung von Xiao Xun gilt als die ausführlichste und kompetenteste ihrer Art. Nach seinen Aufzeichnungen waren in der Halle, in der die Yuan-Kaiser gekrönt, das Neujahrsfest und die Geburtstagsfeier veranstaltet wurden, alle Säulen rot gestri-

Innenansicht einer Halle im Kaiserpalast

chen, teilweise vergoldet und mit Drachenmustern versehen. An jeder Wand gab es rote geschnitzte Holzfenster. Auch Geländer aus Marmor an den Treppen waren rot gestrichen, während das Dach goldfarben glänzte.

Die Paläste der Ming- und Qing-Dynastie haben diese Tradition übernommen. Die Verbotene Stadt, die jetzt auf der Liste des Weltkulturerbes steht, war der Kaiserpalast der damaligen Zeit. Als die Mandschu den Kaiserpalast bezogen, veränderten sie ihn nur geringfügig. Die wich

tigsten Farben blieben nach wie vor Gelb und Rot. Die Dächer sind goldgelb, die Wände, Türen und Fenster sowie Balken und Säulen sind rot, teilweise mit goldener Farbe geschmückt. Die Dachvorsprünge sind mit Glück verheißenden Mustern aus grüner, purpurner und blauer Farbe verziert. Die Außenmauer der Verbotenen Stadt war ursprünglich rot, doch jetzt ist sie bräunlich rot. Auch Bauten wie Tian'anmen (Tor des Himmlischen Friedens) vor der Verbotenen Stadt, der Konfuzius- und Lamatempel

<table>
<tr><td>1</td></tr>
<tr><td>2</td></tr>
</table>

1. Roter Lackteller aus der Yuan-Zeit (1206–1368)

2. Schüssel mit roten Pfingstrosenblüten, Yuan-Zeit (1206–1368)

sind im klassischen Baustil mit roter und goldener Farbe schön anzusehen.

Wie oben beschrieben, wird Rot vielfach verwendet. Im Gegensatz zum Westen wird Rot nicht auf Dächern verwendet. Es gibt nur eine Ausnahme: der Sonnentempel, wo dem Sonnengott geopfert wird. Die Haupthalle hat ein rot glasiertes Dach, als Symbol für die Sonne. Ein anderes Beispiel ist der Himmelstempel, da symbolisiert die blaue Farbe den Himmel. In der Kaiserzeit wurden keine anderen Dächer mit roter oder blauer Farbe versehen.

Rot für das Volk

Kaiser und Adel liebten die rote Farbe und verboten dem Volk, Rot zu verwenden. All das hat dazu beigetragen, dass die Menschen eine Vorliebe für die Farbe Rot entwickelt haben. Das Verbot konnte nur mit Gewalt durchgesetzt werden. Sobald diese nachließ, war die Farbe Rot, Symbol für Leben und

Zum Neujahrsfest werden in der Wohnung rote Scherenschnitte, rote „Glückszeichen" und rote Neujahrsbilder aufgeklebt.

Kraft, welches das Böse fernhält und Segen und Glück bringt, im Leben des Volkes allgegenwärtig.

Nimmt man heute in China an einer traditionellen Hochzeit teil oder feiert das Frühlingsfest, stellt man schnell fest, dass man von Rot umhüllt ist. Die lachenden Gesichter und warmen Glückwünsche sind auch rötlich gefärbt. Die explodierenden Knallfrösche schleudern rote Papierfetzen in die Luft, rote Spruchpaare hängen an der Tür, rote Laternen, rote Kleider …

Über traditionelle Hochzeit und Feiertage gibt es viel zu erzählen. Die Sitten und Gebräuche hiefür haben sich über 5000 Jahre entwickelt. Die traditionelle Hochzeit und Feiertage, bei denen die rote Farbe vorherrscht, sind in manchen Dörfern bis heute üblich. In modernen Städten befindet sich die rote Farbe wieder im Aufwind: selbst bei einer Hochzeit im europäischen Stil mangelt es nicht an Rot.

Löwentanz auf dem Jahrmarkt

Traditionelle chinesische Hochzeit

Nehmen wir teil an der Hochzeit eines 18-jährigen Mädchens, die vor langer Zeit stattfand. Der Bräutigam stammt aus einer reichen Gelehrtenfamilie.

Die Braut wird geschminkt. Ihre Wangen und Lippen sind rot, und sie trägt ein rotes Kleid, das mit 100 Schmetterlingen verziert ist. Ihr Kopf ist mit einem roten Tuch bedeckt, das der Bräuti-

1. Stelzengeher auf einem ländlichen Jahrmarkt
2. Zu den Festtagen wird das Kaufhaus rot geschmückt.

gam erst in der Hochzeitsnacht entfernt. Es war nicht selten, dass sich die Eheleute vor der Hochzeit gar nicht kannten.

Die Braut wird in einer roten Sänfte zur Familie des Bräutigams getragen, im Volksmund Blumensänfte genannt. Musiker haben mit roten Seidentüchern geschmückte Instrumente in den Händen. Die wichtigsten Musikinstrumente sind Trommeln und Trompeten. Die Trommeln sind rot. Nach dem Volksglauben sollen sie böse Geister abweisen. Die Entourage der Braut ist prächtig in Rot und Grün gekleidet. Acht dunkelrote Lampions bezeugen den Ruhm der Familie des Bräutigams. Die Anzahl der Lampions gibt den sozialen Status einer Familie an.

Drei bis vier Straßen vor dem Haus des Bräutigams sieht man bereits rote Lampions, auf denen alle Amtstitel der Familienmitglieder von Braut und Bräutigam aufgeschrieben sind. Die Sänfte, von Lichtern der Lampions hell beleuchtet, wird vor dem Tor des großen Hauses des Bräutigams abgesetzt. Der Vorhang der

1. Roter Scherenschnitt: der Schmetterling liebt die Blüte, Symbol für Liebe
2. Roter Kerzenleuchter mit Doppelglückszeichen
3. Der Bräutigam reitet voran, in der Sänfte sitzt die Braut.

Sänfte öffnet sich langsam, ein kleiner Fuß tastet sich vorsichtig aus der Sänfte, der erste wichtige Eindruck der Braut auf das Publikum. Wenn der Schuh kleiner als drei Zoll misst, rühmt sie das Publikum; wenn der Fuß über sechs Zoll lang ist, verliert der Bräutigam das Gesicht. Zeitlebens wird er verhöhnt, dass er eine dumme Gans zur Frau genommen hat.

Die Brautjungfer, ein rotes Seidentuch über den Schultern, stützt die Braut und führt sie auf einem roten Teppich zum Eingangstor. In manchen Orten muss die Braut über offenes Feuer gehen. Die Braut sieht kaum etwas, weil ihr Blick durch ein rotes Tuch verhangen ist. Um Scham zu zeigen, senkt sie ein wenig ihren Kopf. Sie setzt einen Fuß vor den anderen in ganz kleinen distinguierten Schritten, so dass sich das rote Tuch auf ihrem Kopf leicht bewegt. Das Publikum versucht aus ihrem anmutigen

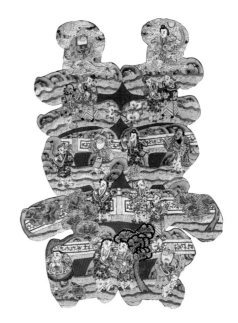

Verhalten auf ihr Aussehen zu schließen.

Die Brautjungfer übergibt die Braut dem Bräutigam, der über dem roten Anzug ein rotes Seidentuch trägt. Auf seinem Hut steckt eine rote Blume. Braut und Bräutigam gehen nicht Schulter an Schulter, sondern der Bräutigam führt die Braut mit einem roten seidenen Band. Dazu gibt es eine Sage. Man glaubt, dass die Ehe von einem sehr alten Mann verwaltet wird, der „Mondalter" heißt. Er stellt in seinem Paradies von allen Erwachsenen, die heiraten können, kleine Tonfiguren her. Dann wählt er eine männliche und eine weibliche Figur aus und bindet ihre Füße mit einem roten seidenen Faden zusammen. Auf der Erde werden diese bei-

1	
2	3

1. In China wird das Doppelglückszeichen an den traditionellen Festen und Feiern am häufigsten benutzt.
2. Rote Archive über die Hochzeiten der Kaiser, Qing-Dynastie (1644–1911)
3. Braut in rotem Kleid

die Zhou-Dynastie zusammenbrach, entwickelte das Volk wegen des Rot-Verbots eine Vorliebe für Rot, so dass im Lauf der Zeit immer mehr rote Elemente in die Hochzeitsfeiern eingefügt wurden. In der Qing-Dynastie gab es die Hochzeit ganz in Rot, der „rote Glücksfall" wurde sie genannt. Dieser Name ist bis heute erhalten.

Bei einer typischen Hochzeitsfeier von heute wählen manche Bräute weiße europäische Brautkleider, doch die überwiegende Mehrzahl der Bräute ziehen rote chinesische Qipaos vor. Der Bräutigam steckt eine rote Blume in die Brusttasche seines Anzugs. Statt Lampions sind große rote Doppelglückszeichen zu sehen. Die rote Sänfte wird durch eine Kolonne von Autos ersetzt, deren Fenster rote Ballons verzieren. Das Geldgeschenk wird immer noch in einem roten Umschlag überreicht – im wahrsten Sinne des Wortes ein „roter Glücksfall".

| | 2 |
| 1 | 3 |

1. Zur traditionellen chinesischen Hochzeit tragen Braut und Bräutigam rote Kleidung.

2. Rote Weinbecher für Brautleute

3. Roter Zündstein mit Doppelglückszeichen

Rot vertreibt Dämonen

Das rote Frühlingsfest ist ebenfalls interessant. Bei der Hochzeit gibt es zwei Hauptpersonen, während beim Frühlingsfest alle eine Hauptrolle spielen. Die Stimmung des Frühlingsfestes ist zumindest teilweise der roten Farbe zu verdanken.

Beim Frühlingsfest sieht man heute auf dem Lande immer noch folgende Szenen: rote Feuerwerkskörper werden abgebrannt; vor dem Eingangstor hängen hoch oben zwei rote Lampions; zu beiden Seiten des Tores ein rotes Neujahrsspruchpaar, das ein glückliches Leben und den Frühling besingt; an den Türflügeln kleben zwei große rote Glückszeichen; im Hof hängen bodenlange rote

Paprikaketten; in den Zimmern rote China-Knoten; in Nordchina klebt man gern rote Scherenschnitte an die Fenster, eine eindrucksvolle Kunstart. Kinder bekommen von ihren Eltern und Großeltern Geldgeschenke in einem roten Umschlag.

Traditionsbewusste Menschen pflegen rote Kleidung zu tragen, um Segen und Stimmung zu verbreiten. Die rote Farbe heißt hier „feuriges Leben".

Seit langem gibt es für das Frühlingsfest viele Möglichkeiten, Rot zu verwenden. Vor dem Ende der Kaiserzeit entwickelte und vervollständigte man die Tradition der roten Farbe. Die Menschen glaubten anfangs, mit Rot eine feierliche Stimmung zu schaffen oder sogar Dämonen zu vertreiben. Später war nicht mehr deutlich zu unterscheiden, was Stimmung macht und was Dämonen vertreibt. Das ist auch nicht mehr wichtig. Wenn die Dämonen vertrieben sind, gibt es natürlich festliche Stimmung. Was die Verwendung der roten Farbe bei anderen Festtagen betrifft, so liegt das Ziel in erster Linie darin, Dämonen zu vertreiben, wie z. B. der rote Faden am Handgelenk beim Drachenbootfest (der fünfte Tag des fünften Monats nach dem Mondkalender). An diesem Tag pflegt man noch Beifuß an die Tür zu

Auch auf der modernen Hochzeitsfeier sind rote Elemente unverzichtbar.

hängen und Branntwein mit Realgarpulver zu trinken. Das alles hält Böses fern, glaubt man. In einer bekannten chinesischen Sage *Geschichte der Weißen Schlange* tritt eine tausend Jahre alte weiße Schlange als weibliche Schönheit auf. Sie bringt auch ihre Zofe Xiaoqing, eine blaue Schlange, die fünfhundert Jahre meditiert hat, auf die Erde mit. Unter dem Namen Bai Suzhen heiratet die weiße Schlange den jungen Mann Xu Xian. Gemeinsam eröffnen

Hochzeitsritual der einfachen Leute, 19. Jahrhundert

sie eine Apotheke und helfen den Kranken. Beim Drachenbootfest sucht Xiaoqing nach Zuflucht, weil sie den anstrengenden Bräuchen des Festes nicht standhalten kann. Die weiße Schlange aber glaubt, der Lage gewachsen zu sein, weil sie tausend Jahre lang geübt hat. Sie verbringt mit Xu Xian das Fest. Doch nachdem sie den Branntwein mit Realgarpulver getrunken hat, erscheint sie in ihrer wahren Gestalt, was zur Folge hat, dass ihr Mann sich zu Tode erschreckt. Danach kommt es zu einer Reihe von katastrophalen Ereignissen ab.

Wenn ein Baum nicht saisonmäßig Blüten trägt oder in einem Haus unerklärliche Geräusche vernommen werden, bringt man im alltäglichen Leben überall rote Fäden an, in dem Glauben, damit das Böse, das die Veränderungen hervorgerufen hat, zu vertreiben. Kleine Kinder bekommen rote Hüte, ziehen sich rote Hemden und Schuhe mit

Ein Kaufhaus zum Frühlingsfest

rot-goldgelbem Tigerkopf an und binden sich rote Fäden an die Handgelenke. Sie schlafen sogar in roten Windeln oder unter roten Bettdecken. Auf diese Weise können böse Geister Kindern keinen Schaden zufügen: sie werden in Sicherheit gesund aufwachsen. Es gibt überall Lausbuben, die Eltern Kopfschmerzen bereiten. Kinder in Rot werden nicht von bösen Geistern heimgesucht, das ist schon klar. Doch manchmal haben solche Kinder selbst die Idee, anderen Menschen und sogar bösen Geistern üble

Roter Scherenschnitt mit Doppelglückszeichen wird auf das Fenster der Brautkammer geklebt.

Streiche zu spielen. Wenn man Geschichten über solche Kinder sucht, wird man in zwei bekannten chinesischen Dämonenromanen *Die Vergöttlichung der Helden* und *Die Reise nach Westen* fündig.

In *Die Vergöttlichung der Helden* heißt der Junge Nezha. Sein Gesicht ist weiß wie Schnee, an seinem rechten Handgelenk ist ein goldener Armreif, um seine Brust trägt er ein Leibchen aus feiner roter Seide, seine Augen strahlen goldenes Licht aus. Von einem

Weiße Schlange und ihre Schwester Grüne Schlange, Figuren in der *Geschichte der Weißen Schlange*

Unsterblichen lernte er den Umgang mit Waffen. Noch dazu ist er ein Draufgänger. Es ist unvermeidlich, dass er seinen Eltern viele Schwierigkeiten bereitet. Um ihn zu bändigen, schenkt eine Gottheit Li Jing, Nezhas Vater, eine Pagode. Wenn Nezha frech wird, wird er in die Pagode eingesperrt, damit er im Dunkeln seine Schuld bereut. Im heutigen China nennt man Lausbuben immer noch Nezha.

Ein anderer Lausbub ist der kleine Junge Rotes Kind im Roman *Die Reise nach Westen*. Es trägt ebenfalls ein rotes Leibchen und hält eine Lanze mit roten Fransen in Händen. Ein typischer Lausbub. Das Rote Kind ist Meister der Waffenkunst. Sogar Sun

1	2

1. Neujahrsbild, Qing-Dynastie (1644–1911)

2. Kleinkinder tragen ein rotes Hemdchen (Dudou). Es soll böse Geister vertreiben.

Rote Stoffschuhe mit Tigerkopf

Wukong, der dem Himmel ebenbürtige Affenkönig, ist unfähig es zu bezwingen. Schließlich muss die Göttin der Barmherzigkeit einschreiten. Die Vermutung liegt nahe, dass diese Figur einem wirklichen Kind nachgezeichnet ist. Vielleicht hatte der Verfasser zu Hause ein Problemkind. Er wusste überhaupt nicht, was er mit seinem Kind machen sollte, und konnte nur noch zur Göttin der Barmherzigkeit beten, weil ja alle Kinder von ihr geschenkt sind. So darf sie der Verantwortung nicht ausweichen.

Neben Kindern tragen auch Erwachsene im Jahr ihres jeweiligen Tierzeichens rote Kleider, um böse Geister zu vertreiben. Man glaubt, dass das Jahr des eigenen Tierzeichens eine Schwelle des Lebens darstellt, die zu überwinden ist. Ferner häuft sich in diesem Jahr auch Negatives. Auch für einen Mann mit starker positiver Energie ist es notwendig, rote Farbe zu Hilfe zu nehmen. Daran glauben auch heute noch viele Menschen. Doch die rote Farbe ist jetzt meist verdeckt: Socken, Gürtel, Unterhose und -hemd sowie Geldtaschen. Ferner werden nach dem Prinzip

„Gift gegen Gift" auf rote Westen Bilder der fünf sogenannten giftigen Tiere – Kröte, Schlange, Skorpion, Hundertfüßer und Gecko – handgenäht, da diese die Kraft besitzen sollen, Böses fernzuhalten. Diese Westen sind aus grobem rotem ungemustertem Stoff genäht und in der Mitte mit chinesischen Stoffknöpfen versehen.

Was ist ein Jahr mit dem eigenen Tierzeichen?

In China wird jedes

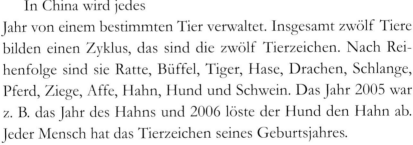

Jahr von einem bestimmten Tier verwaltet. Insgesamt zwölf Tiere bilden einen Zyklus, das sind die zwölf Tierzeichen. Nach Reihenfolge sind sie Ratte, Büffel, Tiger, Hase, Drachen, Schlange, Pferd, Ziege, Affe, Hahn, Hund und Schwein. Das Jahr 2005 war z. B. das Jahr des Hahns und 2006 löste der Hund den Hahn ab. Jeder Mensch hat das Tierzeichen seines Geburtsjahres.

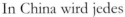

1	
	2

1. Die zwölf chinesischen Tierzeichen, Tang-Zeit (618–907).
2. Eine rote Pfingstrosenblüte verheißt in China Reichtum und Glück.

Unverzichtbare rote Farbe

Aus Vorliebe trägt man nicht nur im Jahr des eigenen Tierzeichens rote Kleidung und roten Schmuck. In der Tat ist Rot die beliebteste Farbe der Chinesen, was in der traditionellen Kultur ihre Wurzeln hat. Man liebt rote Stoffe, um damit Vorhänge, Bettzeug, Moskitonetze, Kopfkissen und Taschentücher herzustellen. Mehr und mehr liebt man auch rote Blumen und Tiere z. B. rote Winterblüten, rote Päonien, rote Zwergäpfel und rote Karpfen.

In China hat man ganz früh roten Lack und rotes Pigment erfunden. 1977 hat man in Hemudu, Kreis Yuyao, Provinz Zhejiang, eine neusteinzeitliche Stätte freigelegt. Unter den kostbaren Funden befindet sich eine Holzschale mit rotem Lack auf schwarzem Untergrund. Solche Holzgegenstände wurden

vom Chu-Fürstentum während der Zeit der Streitenden Reiche (475–221 v. u. Z.) als Ritualgefäße verwendet. In einem Museum ist eine Trommel mit schwarzem Untergrund und roten Lackverzierungen ausgestellt, die von zwei hölzernen Phönixen bewacht wird. Es wurden zahlreiche schwarzrote Lackwaren aus der Zeit der Streitenden Reiche bis zur Tang-Dynastie gefunden. Manche sind Ritualgegenstände, manche Musikinstrumente, wieder manche Bilder auf Särgen. Natürlich gibt es auch Weingefäße, Schalen und Flaschen. Aus der Tang-Dynastie

1 \
2

1. Weste mit Glück verheißenden Mustern
2. Rotes Becken mit dem Schriftzeichen „Frühling"

hat man zahlreiche schwarz-goldene Lack-
waren freigelegt. In der Song- bis zur Qing-
Dynastie wurden rote Lackwaren produziert.
Neben Gebrauchsgegenständen gab es noch
Möbel wie Paravents, Tische und Stühle. Der
Kaiser Yongzheng (1678–1735) der Qing-
Dynastie hatte sogar einen lackierten Dra-
chensessel. Es gab auch Lackkästchen, die
zur Aufbewahrung von Schmuck, Sutren und
buddhistischen Reliquien oder sogar als Gril-

lenkäfige verwendet wurden. Da Lackwaren beliebte Kunstgegen-
stände sind, werden sie bis heute produziert und verkauft.

Chinesische Malerei und Kalligrafie
bezeugen den künstlerischen Einsatz von
roter Farbe. Die chinesischen Maler und
Kalligrafen sind stark vom Daoismus be-
einflusst. Ihre Werke bringen oft das tief
gehende und zugleich einfache Dao zum
Ausdruck. Die meisten Maler haben auf
die Farbenpracht der Welt verzichtet und
malen nur mit schwarzer Tinte auf weißem
Reispapier. Für Landschaftsmalerei wird
manchmal grüne und blaue Farbe eingesetzt. Nur wenn die Bilder mit mehreren
roten Stempelabdrücken versehen wurden,
sind sie vollendet. Die Stempel sind keine

1. Zinnober-Tusche, Qing-Dynastie (1644–1911)
2. Tusche „Rot für zehntausend Jahre",
   Qing-Dynastie (1644–1911)

Bilder, sondern beinhalten Schriften. Doch sie liefern interessante Muster. Welche Schriftzeichen geschrieben werden und wie, das ist eine tief greifende Kunst – Siegelschnitzerei. Die Stempel können quadratisch, rund oder anders geformt sein. Sie sind von unterschiedlicher Größe, und mit ihnen werden die Bilder nach

Rote Stickerei

einer für Außenstehende unbekannten Regel abgestempelt. Dadurch verstärkt neben schwarz-weiß oder grün-blau noch die rote Farbe die visuelle Wirkung des Bildes.

Der in China weit verbreitete Buddhismus betrachtet das Diesseits als „Roten Staub". Dies trifft genau die Vorliebe der

Chinesen für Rot. Mit der roten Farbe verbindet man möglichen Genuss auf Erden sowie Karriere und Reichtum. Deshalb nennt man, egal ob heute oder im Altertum, Vertraute von Machthabern „rote Personen". Diejenigen, die ungeheueres Glück haben, haben „rotes Glück". Die besonders beliebten Schauspieler hei-

ßen „rote Stars" oder „rote Rollen". Ein glückliches Leben wird als „feuerrotes Leben" bezeichnet. Und die Holzfische, die in den Tempeln Tag und Nacht von den Mönchen geschlagen werden, um die Sterblichen vor Verführungen durch den „roten Staub" zu warnen, sind auch rot gestrichen.

Rotes Mönchsgewand

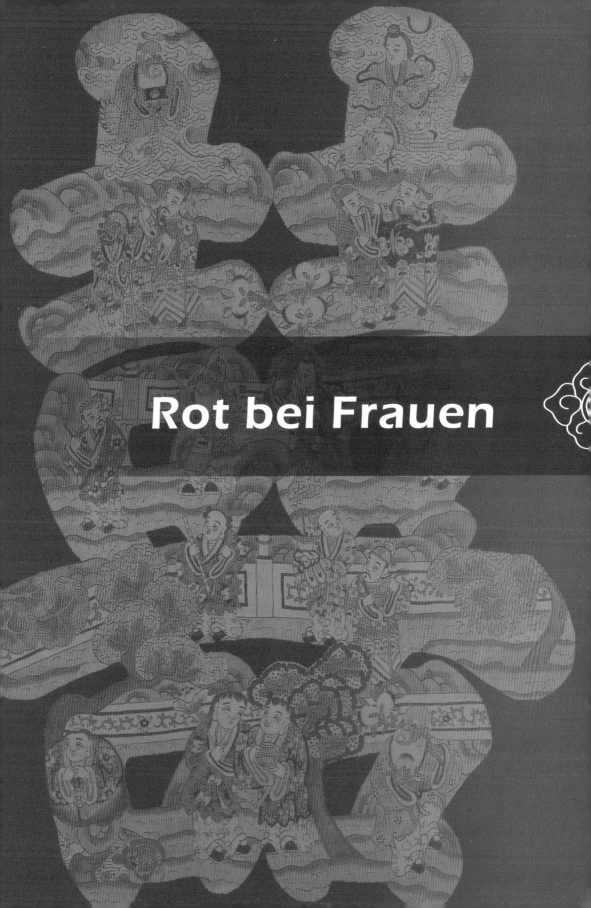

Rot bei Frauen

In dem Buch *Wie Farben wirken* von Eva Heller berichtet die Autorin von einer groß angelegten anonymen Umfrage über 200 Begriffe der Gefühle und Eigenschaften in Verbindung mit Farben. Daraus hat sich folgendes ergeben: Liebe ist für Frauen durch die Farben Rot, Zartrosa und Dunkelrot vertreten. Zwar ist es nicht mehr möglich, eine solche Umfrage bei Menschen der Kaiserzeit durchzuführen, doch durch die Gedichte, Bücher und Bilder, die sie hinterlassen haben, scheint klar, dass die Antwort auf die Frage „Welche Farbe steht für Liebe" auch Rot sein würde.

Rot-Vertraute der Gelehrten

In der Kaiserzeit arbeiteten Studierende hart, um sich die Beamtenlaufbahn zu erschließen. Sie lasen häufig die ganze Nacht durch. Wenn sie müde waren, hängten sie ihre Haare am Dachbalken fest oder stachen sich mit einer Ahle in die Beine. Auf diese Weise verhinderten sie, dass sie einschliefen. Es gab auch welche, die träumten, dass Gedichte wahr wurden. „Ich

Vertraute weibliche Schönheit in den literarischen Werken

Am Fluss Qinhuai entstanden viele Liebesgeschichten.

lese in der Nacht und rieche den Duft von roten Ärmeln". Dabei hofften sie, von einem schönen Mädchen in Rot beim Lesen begleitet zu werden, das den Schlaf verjagte.

Die oben erwähnten „roten Ärmel" beziehen sich in Versen auf eine Frau. In Romanen und Gedichten sind schöne Frauen meist rot gekleidet. Ihre Wangen, Lippen und Nägel sind ebenfalls rot. Sie benutzen rote Taschentücher, schlafen in einem roten Netz mit rotem Kopfkissen, das von ihren Salben und Ölen duftet. Daher nennt man es Duftkissen. Das Gewebe für die Fliegenfenster ist scharlochrot. Es wurde mit Wurzeln der Ackerröte gefärbt und heißt auch Ackerröte-Rot. Frauen aus Adelsfamilien wohnten in roten Gebäuden. Schöne einfühlsame Frauen wurden von Gelehrten „Rot-Vertraute" genannt. „Rote Kleidung" und „Roter Puder" sind ebenso ehrenhafte Bezeichnungen für gebildete Frauen. Wenn eine Frau fremdgeht, heißt es „Rote Aprikosen wachsen über die Mauer hinaus".

| 1 | 2 | 3 |

1. Dienerin in rotem Kleid mit Obstteller, Tang-Zeit (618–907)
2. Kleidung der Frauen in der Tang-Dynastie (618–907)
3. Frauengestalten eines Freskos in Dunhuang

Das ewig beliebte rote Kleid

Mit Rot auf schöne Frauen hinzuweisen ist nicht nur den Gelehrten vorbehalten. Werfen wir einen Blick auf die Kleidung im
Laufe der Geschichte, so erkennen wir, dass Rot bei Frauen wirk-
lich immer beliebt war. In der Qin-Dynastie trugen Kaiserin und
kaiserliche Konkubinen im Sommer leichte rote Kleidung. In den
Nördlichen und Südlichen Dynastien liebten Frauen besonders
farbenprächtige Kleidungsstücke. Han-Frauen trugen vielfältige
und farbenfrohe Kleider z. B. ein Kleid mit Farbstreifen aus
dunkelroter Gaze oder ein Doppelkleid mit scharlachroten und
hellgrünen Streifen. Mit Fünf-Farben-Schuhen erschienen Frauen

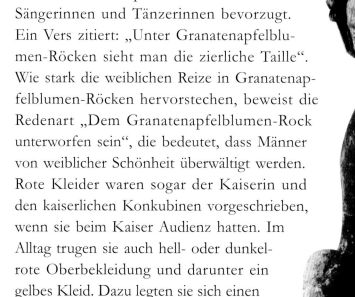

damals wie Regenbogen. In der Tang-Dynastie waren die Frauenkleider kühn und anziehend, farbenprächtig und vielfältig. Und doch trugen die Frauen am liebsten ein rotes Kleid. Dazu malten sie sich mit roter Farbe Mondsichel und Münzen ins Gesicht und färbten sich die Nägel rot. Laut Überlieferung wurde diese rote Farbe von Eidechsen gewonnen, die Zinnober gefressen hatten.

In der Song-Dynastie trugen die Frauen oben leichte und unten schwere Farben. Nach dem Prinzip „Leicht ist elegant" waren die Jacken in erster Linie hellgrün, rosarot, silbergrau und gelblich weiß, während für die Röcke das Prinzip „Farbenpracht ist schön" galt. Die Röcke waren häufig tiefblau, blau, blaugrün, grün und aprikosenfarbig. Sie waren meistens lang geschnitten und hatten ebenfalls farbenfrohe Gürtel in rot, grün, gelb, blau und blaugrün. Röcke rot wie Granatenapfelblumen wurden von Sängerinnen und Tänzerinnen bevorzugt. Ein Vers zitiert: „Unter Granatenapfelblumen-Röcken sieht man die zierliche Taille". Wie stark die weiblichen Reize in Granatenapfelblumen-Röcken hervorstechen, beweist die Redenart „Dem Granatenapfelblumen-Rock unterworfen sein", die bedeutet, dass Männer von weiblicher Schönheit überwältigt werden. Rote Kleider waren sogar der Kaiserin und den kaiserlichen Konkubinen vorgeschrieben, wenn sie beim Kaiser Audienz hatten. Im Alltag trugen sie auch hell- oder dunkelrote Oberbekleidung und darunter ein gelbes Kleid. Dazu legten sie sich einen roten Schal um die Schultern. Damals waren bei den Edeldamen eng anliegende rosafarbene Unterkleider beliebt. Bei einer zu jener Zeit beliebten Frisur „Haarknoten mit Quasten" hingen zwei rote Seidenbänder von dem mit Schmuck übersäten Kopf herab.

In der Yuan-Dynastie wurde 1259 die willkürliche Verwendung der roten Farbe untersagt. Trotzdem trugen Frauen immer noch rote Schuhe. In der Ming-Dynastie durfte das Volk keine scharlachrote Kleidung tragen. Nur Frauen mit einem kaiserlichen Titel war es erlaubt, rote Umhänge anzuziehen und rote Bänder zu verwenden. Ende der Ming-Dynastie wurde dieses Verbot nicht mehr ernsthaft eingehalten. Frauen aus reichen Familien kleideten sich scharlachrot. Rot war in der Qing-Dynastie weiterhin beliebt, insbesondere kirschrot, knallrot, sorghumrot, dunkelrot, rosarot und himmelblau.

Der Traum der Roten Kammer von Cao Xueqin wird als Lexikon der traditionellen chinesischen Kultur gerühmt. Das Buch beschreibt ausführlich Kleidung, Ess- und Festtagsgewohnheiten und Hausdekorationen. Öffnet man das Buch, kann man schnell feststellen, dass die rote Farbe umfassend Ver-

1	2

1. Frauenkleid in der Sui-Zeit (581–618)
2. Kleidung der Frauen in der Qing-Dynastie (1644–1911)

wendung fand. Hier wollen wir nur kurz auf rote Frauenkleider eingehen. Alle Frauen, von Edeldamen bis zu Nebenfrauen, Dienstmädchen bis zu Ammen, liebten ausnahmslos rote Kleidung. Alle hatten eine rote Jacke, einen roten Rock und rote Schuhe. Junge Mädchen färbten ihre Nägel mit der Flüssigkeit der Springkraut-Blüten rot. Über ihr Zusammentreffen schrieb man: „Überall im Zimmer fliegt das Rot und tanzt das Grün. Perlen schwingen in der Luft. Es geht sehr lebhaft zu."

Rote Kleidung könne manchmal dazu dienen, Böses fernzuhalten. Aber das spielt nur eine nebensächliche Rolle. Die meis-

1. Darstellung einer jungen Dame in der Pekingoper

2. Wanrong, Frau des letzten chinesischen Kaisers

3. Modernes Frauenkleid am Anfang des 20. Jahrhunderts in China

ten kleiden sich aus Vorliebe rot. In der roten Farbe steckt ein kleines Geheimnis: rote Kleidung macht Frauen anziehend. Im *Traum der Roten Kammer* gibt es zwei besonders anziehende junge Frauen, die Schwestern You. Die Ältere „zieht sich nur eine kleine scharlachrote Jacke an, die Haare hängen herab wie ein Wasserfall. Ihr Gesicht ist von Freude erfüllt, so dass sie mehr strahlt als sonst". Ihre jüngere Schwester You Sanjie war noch hübscher. Sie „hat grüne Hosen und rote Schuhe an. Ihre Füße sind ständig in Bewegung und finden keine Minute Ruhe", so dass Männer in ihrer Nähe ganz betört werden. Der andere klassische Roman *Kin Ping Meh* beschreibt die anziehende und zugleich unzüchtige Frau Pan Jinlian, eine bekannte Figur in China. Sie hatte an ihren Drei-Zoll-Füßchen kleine rote Schuhe an. Es ist kein Zufall, dass die zwei Autoren die rote Farbe als Metapher für sexuell anziehend verwendet haben.

Bis heute bleibt Rot immer noch eine aufreizende Farbe. Im roten chinesischen Leibchen glauben große Modedesigner, wieder eine Quelle für sexuell Attraktives gefunden zu haben. Das Leibchen gehört in China zur traditionellen Leibwäsche für Kinder

Rote Laternen vor einem Restaurant in Südchina

Sonnen-, Kriegs- und Feuergötter

In der chinesischen wie auch in der klassischen griechischen My-
thologie ist Rot die Farbe der Sonnen-, Kriegs- und Feuergötter.
Nach dem Mythos beider Länder sind dies alles männliche Ge-
stalten, aber ihre Charaktere und Eigenschaften sind sehr unterschiedlich.

Apollo, der griechische Sonnengott, ist der Sohn des Zeus,
dem höchsten aller Götter, er wird als junger Mann mit lockigem
goldenem Haar dargestellt. Er ist sehr männlich, erfüllt von
Kraft, Mut, Freude und Selbstsicher-
heit, doch auch leicht gereizt. Manchmal verursacht er Leid, solange bis
ihm genug geopfert wurde. Auch ist
er hinter hübschen Frauen her. Einmal bedrängte er die schöne Göttin
Daphne, die Tochter des Flussgottes
Peneus so sehr, dass sie sich in einen
Lorbeerbaum verwandelte, um ihm zu
entkommen. Aus den Zweigen dieses
Baumes wand sich Apollo dann einen
Kranz.

Der Sonnengott Chinas tritt nicht
in Menschengestalt auf, er wird immer
als runder Kreis dargestellt. In die Mitte des Kreises malt man eine rote Krä-
he mit drei Krallen. Seine Gestalt ist
auch nicht von Geschichten umwoben.
Man baute ihm einfach rote Altäre und
brachte ihm mit größter Ehrfurcht
Opfer dar. Wenn der Kaiser dem Sonnengott opferte, trugen er und alle

Kaiserliche Ehrengarde in der Song-Zeit (960–1279)

Beamten rote Kleidung. Als Opfergaben brachte der Kaiser rote Korallen und Lebensmittel dar. Diese Zeremonie wurde bis zum Ende des 19. Jahrhunderts jährlich vollzogen. In der Kaiserzeit musste sich jeder an der „Rettung der Sonne" beteiligen, wenn eine Sonnenfinsternis eintrat. Denn man glaubte, dass ein Hund im Himmel die Sonne fressen wollte. Um der Sonne Kraft zu verleihen, nahmen alle kaiserlichen Beamten ihre Kopfbedeckungen ab, banden sich stattdessen rote Tücher um den Kopf und schauten unbeirrt gen Himmel, bis die Sonne wieder zum Vorschein kam. Gleichzeitig schlug das Volk Trommeln und Gongs in dem Glauben, dadurch den Hund im Himmel zu verjagen.

Ares, der griechische Kriegsgott, ist mächtig und aufbrausend. Er trägt eine Rüstung, hält einen großen Schild in der Hand und stürzt sich in den Kampf. Der chinesische Kriegsgott ist Guan Yu, man nennt ihn respektvoll „Fürst Guan". Er war eine bedeutende Persönlichkeit gegen Ende der Han-Dynastie und wurde dann nach und nach als Gott verehrt. Er war ein vertrauenswürdiger Mensch mit dattelrotem Gesicht, einem langen Vollbart und hielt einen Säbel in der Hand. Er ritt auf einem roten Pferd, der „Roter Hase" genannt wurde. Fürst Guan konnte mit Waffen ausgezeichnet umgehen und kämpfte tapfer. Seine Verehrung als Kriegsgott verdankte er jedoch nicht in erster Linie seiner Waffenkunst, sondern seinem tugendhaften Charakter. In ihm waren Loyalität und Kameradschaft perfekt vereint. Bis zum heutigen Tag gibt es in China viele Tempel, in denen Guan Yu geopfert wird.

Der griechische Gott des Feuers und der Eisenschmiede heißt Hephaestus. Trotz einer Beinbehinderung ist er kräftig und muskulös. Er sieht hässlich aus, gilt aber als Experte für Metallurgie. Er ist milde, fröhlich, freundlich und aufrichtig. In Einzelfällen kann er auch aufbrausen: einmal aufgebracht, ist er kaum zu besänftigen. Der chinesische Feuergott heißt Huode Xingjun. Er wohnt im Tonghua-Palast, dem „Roten Palast", im Süden des Himmels. Er verwaltet für den Himmelskaiser das Feuer und setzt es niemals für eigene Zwecke ein. Er ist ein ordentlicher Be-

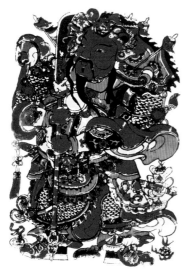

Rote Türgötter

amter von höchster Disziplin. Unter ihm gibt es noch zahlreiche Mitarbeiter, die Tiere und Werkzeuge wie Feuerkrähen, -pferde, -drachen, -ratten, -fahnen, -wagen, -gewehre, -schwerter, -armbrüste, -pfeile, -kürbisse und -stöcke kontrollieren.

Rot – Symbol der Treue

Die rote Farbe verleiht den Menschen Kraft. Deshalb trugen Soldaten gern rote Ausrüstung oder bemalten sich mit roter Farbe. Armeen folgten einer roten Fahne. Bis zum Ende des 19. Jahrhunderts war die Soldatenuniform in vielen Ländern rot. Im chinesischen Mittelalter waren Militärflaggen rot und Uniformen meist auch, denn man nahm an, dass Rot dem Feind Angst und Ehrfurcht einflössen würde. In der Zhou-Dynastie setzten sich die Soldaten rote Kappen auf und trugen rote Jacken und Röcke. Ende der Han-Dynastie färbten sich Aufständische mit Zinnober die Augenbrauen rot und nannten sich die „Rote-Brauen-Armee". In der Tang-Dynastie waren die Anzüge der Militärbeamten des ersten bis dritten Ranges purpurn, die des vierten und fünften Ranges rot, die des sechsten und siebten Ranges grün, und die des achten und neunten Ranges blaugrün. In der Song-Dynastie war die Uniform der kaiserlichen Ehrengarde entweder blau oder grün mit roten Mustern und einem roten Gürtel. Es gab auch mehrfarbige Uniformen. In der Yuan-Dynastie zogen sich die Soldaten rote Roben und rote Stiefel an. In der Ming-Dynastie trugen Generäle der Geheimpolizei bei großen Hofzeremonien eine goldene Rüstung, andere Generäle trugen einen roten Lederhelm und eine Rüstung mit goldenen Mustern. In der Qing-Dynastie war die Militäruniform himmelblau und nur das Futter rot. Die Zivilkleidung der Soldaten war im Winter dunkelblau, im Sommer sandfarben.

In der britischen Kultur ist Blau die Farbe der Treue, in der chinesischen Kultur ist es die Farbe Rot, die für Treue steht. Wenn man im Mittelalter ein Militärbündnis schloss, veranstaltete man ein feierliches Ritual. Man schlachtete Pferde, Büffel, Schafe und Hühner, und sammelte das Blut aus den Wunden der Tiere in einem Gefäß. Jeder tunkte seinen Finger in Blut und hielt ihn

Soldaten in rotem Harnisch, Ming-Dynastie (1368–1644)

an seine Lippen, während er den Treueschwur ablegte. Manchmal tranken die Beteiligten auch Blut. Vor jedem Feldzug wurden
Tiere geschlachtet und ihr Blut der Fahne geopfert. Immer wenn
man ein Bündnis schloss, wurde ein Blutritual abgehalten. Manchmal schnitt man sich selbst in den Finger und vermischte das Blut
mit Schnaps, der dann getrunken wurde. Das war zum Zeichen
der Treue. Bei Opferritualen für Himmel und Erde sollte man
sich speziell dafür vorgesehene scharlachrote Kleidung anziehen,
einen dunkel- oder hellroten Rock, rote Schuhe und Strümpfe,
dies bewies Treue und Aufrichtigkeit gegenüber Himmel und

Streitwagen der Song-Zeit (960–1279)

Erde. Im Chinesischen beinhaltet der Ausdruck „rotes Herz" und ähnliches Treue zu Freunden, Klan und Staat. Wen Tianxiang, der letzte Kanzler der Südlichen Song-Dynastie, schrieb in zwei berühmten Verszeilen „Jeder Mensch muss von alters her sterben, ich aber hinterlasse ein treues (rotes) Herz". In der Pekingoper werden gute bzw. böse Menschen mit farbenprächtigen Masken dargestellt, es werden alle möglichen Farben verwendet wie rot, gelb, blau, weiß, schwarz, grün, weinrot, ocker, rosa, golden und silbern. Die Farben der Masken deuten den Charakter der Rollen an. Eine rote Maske ist Symbol für Aufrichtigkeit und Loyalität. Der bereits erwähnte Kriegsgott Fürst Guan hat eine rote Maske. Eine weinrote Maske bedeutet Charakterfestigkeit und Besonnenheit, eine rosarote Maske kennzeichnet tapfere Generäle. Eine schwarze Maske bedeutet Offenherzigkeit und Waghalsigkeit, eine weiße Maske Hinterlistigkeit und Boshaftigkeit.

Rot auf Kriegsflaggen symbolisiert das Blut der Krieger. Während der Französischen Revolution 1792 erklärten die Jakobiner die rote Fahne zur Fahne der Freiheit. Als sich die Arbeiter der Seidenfabriken in Lyon im Jahr 1834 erhoben, wurde die rote Fahne zur Fahne der Arbeiterbewegung, die wiederum während der russischen Revolution 1907 zur Fahne des Sozialismus und Kommunismus wurde. In Russland symbolisiert die rote Farbe nicht nur Blut und Freiheit. „Rot" bedeutet schön, kostbar und imposant. So sind auch die Bezeichnungen „Roter Platz" und „Rote Armee" zu verstehen. Die russische Revolution war der Vorreiter der chinesischen Revolution. Die chinesische Revolution hat die symbolträchtige Farbe Rot übernommen. So hieß die chinesische Bauern- und Arbeiterarmee auch Rote Armee, und ihre Soldaten trugen eine Kokarde in Form eines roten Sterns an der Mütze und rote Schulterstücke. Die Fahne der Kommunistischen Partei Chinas wie auch die Staatsflagge der Volksrepublik China sind rot. Im Sinne der traditionellen chinesischen Kultur symbolisiert die Farbe Rot der chinesischen Revolution ebenfalls die Loyalität gegenüber der Revolution.

Die Assoziierung der Farbe Rot mit Treue wurde in den 1950er Jahren bis in die 1970er Jahre extrem betont. Obwohl Frauen auf rote Bekleidung verzichteten, fand diese Farbe in anderen Bereichen übertriebene Anwendung.

Kultur- und Kunstschaffende schufen eine Reihe von Tänzen und Theaterstücken, deren Namen mit „rot" beginnen. Im Jahr 1950 wurde der „Rot-Seidenband-Tanz" in einem einfachen Tanzstudio geboren: junge Darsteller in hellblauen Trachten schwingen Seidenbänder in sanften, runden und schönen Bewegungen. 1964 wurde die Trilogie uraufgeführt: „Der Osten ist rot", „Das Rote Frauenbataillon" und „Die Rote Laterne". „Der Osten ist rot" ist ein spektakuläres Musiktheater mit berühmten Schauspielern und über 3000 Statisten, das die Geschichte der chinesischen Revolution erzählt. „Das Rote Frauenbataillon" ist ein Ballett und „Die Rote Laterne" ein modernes Pekingopernstück. Eine Arie aus dieser Oper lautet: „Wie mein Vater haben alle ein rotes Herz". „Das rote Herz" zu besingen galt zu jener Zeit als Sinn und Zweck sämtlicher Kultur- und Kunstaktivitäten.

In den 1980er Jahren legte sich der Sturm, in China begann eine neue Epoche. Die rote Farbe hatte wieder mehr Bedeutungen, sie stand für bezaubernd, sexy, begeistert usw. Rote Röcke wurden wieder modisch.

„Das rote China" – Briefmarken zur Zeit der „Kulturrevolution"

Die Farbe
Rot heute

Heute nimmt die Farbe Rot im Herzen der Chinesen unverändert eine Sonderstellung ein. Immer, wenn man etwas Erfreuliches feiert, drückt man seine Freude mit roter Farbe aus. Das ist eine Selbstverständlichkeit, die sich im Lauf der Jahrtausende entwickelt hat, die besondere Schönheit der roten Farbe hat auch dazu beigetragen.

Auch auf einer Hochzeit in europäischem Stil bereitet die Braut in China neben dem weißen Brautkleid noch einen roten Qipao vor, um Glückwünsche entgegenzunehmen.

Zu europäischen Festtagen wie Weihnachten, die seit einigen Jahren auch in China begangen werden, erklingt „Jingle Bells", gleichzeitig werden rote chinesische Lampions aufgehängt.

Am Frühmorgen trainieren ältere Menschen in kleinen Parkanlagen und auf öffentlichen Plätzen mit roten Fächern oder roten Seidenbändern. In Wohnvierteln kleben an vielen Fenstern rote Glücks- oder Doppelglückszeichen. An den Türen hängen rote Spruchpaare oder ein roter Scherenschnitt vom Gott des Reichtums. Junge Mädchen schreiten in eleganten roten Qipaos vorbei, Kinder tragen rote Kappen mit Glückszeichen. Zum Frühlingsfest ziehen sogar die konservativsten Männer traditionelle Trachten an, die mit roten Zeichen verziert sind.

Fragt man nach der einen Farbe, die China symbolisiert, so nennen die meisten bis heute Rot. Das Emblem für die Olympiade Beijing 2008 ist ein Stempel mit einem chinesischen Schriftzeichen 京 (Beijing), ein inhaltsreiches Muster, das wie ein Läufer nach vorne rennt, um den Sieg zu begrüßen. Das frische Rot ist ein Ausdruck der überschwänglichen Begeisterung des chinesischen Volkes über dieses Ereignis.

1 | 2

1. Zum Frühlingsfest verkaufen sich Laternen, rote Spruchpaare und rote Scherenschnitte als Fensterdekoration am besten.

2. Der Tanz mit dem roten Seidenband ist zu einem Sport geworden.

McDonald's passt sich den chinesischen Gepflogenheiten an: am Fenster klebt
ein Scherenschnitt.

Die Vorliebe der Chinesen für die Farbe Rot, unabhängig von
Zeit und Alter, wird sich weiter fortsetzen, weil das Streben der
Menschen nach Glück und Segen zeitlos ist.

图书在版编目（CIP）数据

中国红／阎春玲著．外文出版社德文部译，

—北京：外文出版社，2006

ISBN 978-7-119-04533-7

Ⅰ．中... Ⅱ．①阎...②外... Ⅲ．红色－风俗习惯－中国－德文 Ⅳ．K892

中国版本图书馆CIP数据核字（2006）第102305号

德文翻译：任树银

德文审定：Isabel Wolte 麦湛雄

责任编辑：刘芳念

装帧设计：华审书装

印刷监制：韩少乙

中国红

作　　者：阎春玲

图片提供：刘　臣　王新民　CFP

©2008外文出版社

出版发行：

外文出版社出版（中国北京百万庄大街24号）

邮政编码：100037

网　　址：www.flp.com.cn

电　　话：008610−68320579（总编室）

　　　　　008610−68995852（发行部）

　　　　　008610−68327750（版权部）

印　　刷：

北京外文印刷厂

开本：787mm×1092mm　1/16　　印张：6.25

2008年第1版第1次印刷

（德）

ISBN 978-7-119-04533-7

08800（平）

85-G-632P